BEI GRIN MACHT SICH IHR WISSEN BEZAHLT

AF166942

- Wir veröffentlichen Ihre Hausarbeit, Bachelor- und Masterarbeit

- Ihr eigenes eBook und Buch - weltweit in allen wichtigen Shops

- Verdienen Sie an jedem Verkauf

Jetzt bei www.GRIN.com hochladen und kostenlos publizieren

Strategische Unternehmensführung. Strategiewechsel eines fiktiven Unternehmens

Elena Maier

Bibliografische Information der Deutschen Nationalbibliothek:

Die Deutsche Nationalbibliothek verzeichnet diese Publikation in der Deutschen Nationalbibliografie; detaillierte bibliografische Daten sind im Internet über http://dnb.d-nb.de abrufbar.

ISBN: 9783346416230
Dieses Buch ist auch als E-Book erhältlich.

Druck und Bindung: Books on Demand GmbH, Norderstedt Germany
Gedruckt auf säurefreiem Papier aus verantwortungsvollen Quellen

Das vorliegende Werk wurde sorgfältig erarbeitet. Dennoch übernehmen Autoren und Verlag für die Richtigkeit von Angaben, Hinweisen, Links und Ratschlägen sowie eventuelle Druckfehler keine Haftung.

Das Buch bei GRIN: https://www.grin.com/document/1010846

Deutsche Hochschule für
Prävention und Gesundheitsmanagement

Einsendeaufgabe

Fachmodul: Strategische Unternehmensführung II

Studiengang: Prävention und Gesundheitsmanagement – Master of Arts

Name, Vorname: Maier, Elena

Inhaltsverzeichnis

1 Bodo Müllers Plan

1.1 Gründe für Wandel

Marketing Direktor Bodo Müller sieht dringenden Änderungsbedarf der Marketingstrategie der Gesundheits- und Medizintechnik AG. Einer der Gründe ist die niedrig erwarteten Wachstumsraten des deutschen Gesundheitsmarkts. Es herrscht verbreitet die Meinung, Gesundheitsausgaben nicht weiter zu erhöhen, da das Ausgabenniveau im Bereich medizinischer Geräte bereits sehr hoch ist. Diese Tatsache, sowie das niedrige BIP- und Bevölkerungswachstum stellen keine gute Grundlage für den Gesundheitsmarkt dar.

Ein weiterer Grund sieht Herr Müller in der geringen staatlichen Finanzierung von Krankenhäusern. Gelder werden hauptsächlich in die Reparatur bereits vorhandener medizinischer Geräte investiert statt in neue.

Ein dritter Grund für den Änderungsbedarf sieht Bodo Müller in der Entscheidungsfindung für die Anschaffung neuer Geräte. Die Entscheidungen werden stark von der Krankenhausadministration und den Einkaufsabteilungen beeinflusst, die ihre Entscheidungen hauptsächlich aus ökonomischen Gründen treffen und nicht aus medizinischer Sicht, wie sie ein Arzt treffen würde.

1.2 Aspekte des Strategiewandels

Bodo Müller versucht einen Wandel in der Marketingstrategie bei der Gesundheits- und Medizintechnik AG zu initiieren. In einem ersten Aspekt sollen im Rahmen des Change Managements das Marketing sowie der Vertrieb statt an Krankenhausärzte an das sogenannte C-Level (z.B. CEO, CFO und CIO) adressiert werden, da diese hauptsächlich die Entscheidungsmacht über die Anschaffung neuer Geräte tragen.

Ein weiterer Aspekt, welcher im Rahmen des Change Management herausgearbeitet werden soll, ist das Anbieten ganzheitlicher statt wie zuvor nur technologie- und ingenieurorientierte Lösungen. Damit soll vor allem das C-Level angesprochen werden.

Ein dritter Punkt ist das Anpassen des Marketing-Budgets. Ein kleiner Anteil des Budgets soll künftig in C-Level Marketing fließen.

1.3 Barrieren und Widerstände

Dem von Bodo Müller initiierten Wandel könnten verschiedene Barrieren entgegenstehen. Als möglicher Punkt sind menschliche Barrieren zu nennen. Beispielsweise die Marketing Vizepräsidenten (VPs) könnten aus Angst vor Veränderung der hierarchischen Struktur eine Änderung der Marketingstrategie blockieren. Ein weiteres Beispiel sind Mitarbeiter, die nicht genug freiwilliges Engagement mitbringen, um der Arbeitsgruppe beizutreten. Dies behindert das Entwickeln der Marketing-Strategie stark.

Ein weiterer Grund für Widerstand sind Wissensbarrieren. Als Beispiel sind Mitarbeiter anzuführen, die aus Angst, ihrer regulären Arbeit nicht mehr nachkommen zu können, nicht in die Arbeitsgruppe eintreten. Dabei gibt es Wege, dem entgegenzuwirken. Durch Gespräche mit den Mitarbeitern kann Ihnen das Vorgehen genau erläutert und die Angst genommen werden.

Auch Ressourcenbarrieren sind als Möglichkeit für einen Widerstand anzuführen. Haben die VPs kein Budget zur Verfügung, um in C-Level Marketing zu investieren, kann die Strategie nicht wie gewünscht umgesetzt werden.

2 Change Management

2.1 Gründe für Scheitern

Bodo Müller kann seinen Plan nicht gemäß seinen Vorstellungen umsetzen. Hierfür gibt es vier konkrete Gründe, die aus dem 8-Stufen-Modell von Kotter (Reisinger, Gattringer & Strehl, 2013, S. 190) abgeleitet werden:

1. Fehlen einer ausreichend starken Führungskoalition: Bodo Müller ruft zwar eine Arbeitsgruppe ins Leben, doch sie wird von den Mitarbeitern nur halbherzig angenommen. Nur etwa die Hälfte der eingeladenen Personen nimmt am Kick-off-Meeting teil. Von den tatsächlich erscheinenden Personen hat man den Eindruck,

sie sind nur ungern dabei. Diese Arbeitsgruppe scheitert also als „starke Führungskoalition". Zudem sind nur Mitarbeiter auf der Arbeitsebene eingeladen. Um eine
starke Führungskoalition zu bilden, wäre auch die Teilnahme von Personen aus
der Führungsebene wichtig, wie z.B. die des CEOs.

2. Mangelnde Kommunikation der Vision: Bodo Müller stellt zwar dar, was er künf-
tig im Unternehmen verändern möchte, kommuniziert dabei aber keine konkrete
Vision. Dadurch kann er kein anhaltendes Verständnis und keine Akzeptanz der
VPs gewinnen.

3. Die Unfähigkeit, schnelle Erfolge zu erzielen: Nach den ersten drei Monaten ist
es der Arbeitsgruppe nicht möglich, einen kurzfristigen Erfolg zu erzielen. Es gibt
nur geringe Fortschritte.

4. Kultur bleibt unverändert: Bodo Müller gelingt es nicht, eine neue Kultur zu entwickeln und die Verhaltensweisen der Mitarbeiter dauerhaft zu ändern.

2.2 Veränderungen meistern

Kotter entwickelte im Laufe der Zeit das 8-Stufen-Modell, das hauptsächlich auf konven-
tionellen Change-Ansätze in traditionellen Hierarchen beruhte, weiter zum acht Beschleuniger Modell (Goffin, 2018). Im Folgenden wird dargestellt, was Bodo Müller laut
diesem Modell tun muss, um den Wandel erfolgreich umzusetzen.

1. „Create a sense of urgency" – Das Gefühl der Dringlichkeit wecken (Kotter, 2015,
S. 89): In einem ersten Schritt sollte bei allen Beteiligten ein Gefühl der Dringlichkeit für einen Wandel entstehen. Diesen Schritt ist Herr Müller richtig ange-
gangen: in einer aussagekräftigen Präsentation konnte er alle Teilnehmer von der
Dringlichkeit des Themas überzeugen und die Hörer wachrütteln.

2. „Create a powerful coalition" – Eine kraftvolle Koalition kreieren (Kotter, 2015,
S. 89): Der zweite Beschleuniger wurde von Bodo Müller nicht ganz richtig aus-
geführt. Für seine Arbeitsgruppe lud er die Teilnehmer zwar auf freiwilliger Basis
ein, jedoch gingen die Einladungen nur an Vertreter auf der Arbeitsebene. Um
eine kraftvolle Koalition sollten jedoch Personen aus allen Hierarchiestufen ver-
treten sein. Um den zweiten Beschleuniger richtig anzuwenden, hätte Herr Müller
also Einladungen zur freiwilligen Beteiligung an Mitarbeiter aller Hierarchieebe-
nen senden müssen, wie z.B. an den CEO.

3. „Form a strategic vision and initiatives" – Formulierung einer strategischen Vision und Initiativen (Kotter, 2015, S. 89 f.): Herr Müller hatte bereits in seiner ersten Präsentation eine klare strategische Vision und Initiativen formuliert. Er konnte eine klare Botschaft für den notwendigen Wandel vermitteln.

4. „Enlist a volunteer army" – Eine Armee der Freiwilligen gewinnen (Kotter, 2015, S. 90): Bodo Müller gelang es nicht, eine Armee der Freiwilligen für seine Vision zu gewinnen. Mögliche Gründe wären beispielsweise fehlende Kommunikation oder auch fehlende Motivation seitens seiner Kollegen. Um den vierten Beschleuniger richtig zu nutzen, hätte Bodo Müller besser mit seinen Kollegen kommunizieren müssen, um diese als Unterstützer seiner Vision zu gewinnen. Die Dringlichkeit des Projekts hätte sowohl bei den VPs als auch bei deren Mitarbeitern stärker vermittelt werden müssen, um sie von der Veränderung zu überzeugen und sie damit als „Soldaten" für die „Armee der Freiwilligen" zu gewinnen.

5. „Enable action by removing barriers" – Vorankommen durch Beseitigung von Hindernissen ermöglichen (Kotter, 2015, S. 90 f.): Bodo Müller gelang es nicht, die Barrieren für ein Vorankommen seines Projekts zu beseitigen. Den Widerstand der VPs hätte er vorab, etwa durch persönliche Gespräche, beheben müssen.

6. „Generate shortterm wins" – Teilziele festlegen und feiern (Kotter, 2015, S. 91): Bodo Müller gelang es während des Bestehens der Arbeitsgruppe Erfolge zu feiern. Stattdessen hätten kleine und realistische Teilziele gesetzt werden müssen, die auch in absehbarer Zeit zu erreichen gewesen wären. Nur so bleibt die Gruppe motiviert, die Vision umzusetzen.

7. „Sustain acceleration" – Den Wandel bzw. die Veränderung aufrechterhalten (Kotter, 2015, S. 91): Da der Wandel von Herr Müller zu keiner Zeit wirklich initiiert wurde, konnte dieser auch nicht aufrechterhalten bleiben. Werden die ersten sechs Beschleuniger richtig angewendet, ist es Aufgabe des siebten Beschleunigers, den Wandel aufrechtzuerhalten und damit keinen Trend zu verpassen bzw. vorbereitet für Eventualitäten zu sein.

8. „Institute Change" – Wandel in Unternehmenskultur verankern (Kotter, 2015, S. 91): Wie bereits im siebten Punkt genannt, konnte Herr Müller den Wandel im Unternehmen nicht durchsetzen. Um den Wandel langfristig aufrechtzuerhalten und durchzusetzen, wäre es Ziel des achten Beschleunigers gewesen, den Wandel in der Unternehmenskultur zu integrieren.

3 Strategieimplementierung

3.1 Durchsetzung

Um einen Wandel in einem Unternehmen erfolgreich durchzusetzen, empfehlen Welge und Al-Laham (2012, S. 807 ff.) folgende verhaltensbezogene Maßnahmen:

1. Vermittlung der Strategie
2. Einweisung und Schulung
3. Schaffung eines strategiebezogenen Konsenses.

Diese könnte Bodo Müller wie folgt zur Implementierung der Strategie nutzen:

1. Vermittlung: Um eine Strategie erfolgreich zu implementieren, ist wichtig, diese an alle Beteiligten zu vermitteln. Dazu gehören sowohl Personen auf der Führungsebene sowie Mitarbeiter auf der Arbeitsebene. Herr Müller muss seine Idee zunächst an seine Vorgesetzten vermitteln, um von ihnen Rückhalt für sein Projekt zu erhalten. In Form von Versammlungen oder Meetings kann die Strategie dann den Marketing VPs vorgestellt werden. Ziel ist es, deren Verständnis und Akzeptanz für die Veränderung zu gewinnen. Ist dies geschafft, kann die Strategie innerhalb der Abteilungen wieder in Form von Meetings oder Einzelgesprächen vermittelt werden. Auch hier mit dem Ziel, Akzeptanz und Verständnis zu gewinnen.

2. Einweisung und Schulung: Ist die Strategie erfolgreich vermittelt, liegt der nächste Schritt darin, die Mitarbeiter einzuweisen und zu schulen. Mittels Fort- und/oder Weiterbildungen soll den Mitarbeitern der Gesundheits- und Medizintechnik AG die für die neue Strategie notwendige Kompetenz anzueignen. Ihnen soll damit zudem das Gefühl der Sicherheit vermittelt werden, damit sie sich weiterhin wohl in ihrem Beruf fühlen und offen gegenüber dem Wandel bleiben.

3. Schaffung eines strategiebezogenen Konsenses: Die Einführung der neuen Strategie in der Gesundheits- und Medizintechnik AG bringt Veränderungen der Struktur mit sich. Um Konflikte zu vermeiden, ist es wichtig, die Akzeptanz der Mitarbeiter zu sichern. Um die neue Strategie in der Unternehmenskultur zu institutionalisieren, wird in der Gesundheits- und Medizintechnik AG auf das Partizipationsmodell gesetzt: Die Marketing VPs werden bei der Strategieformulierung und -implementierung beteiligt. Sie werden aktiv integriert und können ihr

Wissen mit einbringen. Dadurch erfolgt ein guter Wissensaustausch und die Mitarbeiter bleiben motiviert.

3.2 Umsetzung

Für die Umsetzung der Strategie in einem Unternehmen benennen Bamberger und Wrona 2012, S. 476) folgende sachbezogenen Aufgaben:

1. Transformation der Strategie von der Theorie in die Praxis
2. Anpassung der betroffenen Systeme und Strukturen
3. Motivierung und Mobilisierung aller Beteiligten.

Diese sachbezogenen Aufgaben können wie folgt umgesetzt werden:

1. Transformation der Strategie: Im ersten Schritt geht es darum, die zunächst sehr theoretische Strategie in praktischen Maßnahmen umzusetzen. Um die Strategie in der Gesundheits- und Medizintechnik AG zu transformieren, findet zunächst ein Abteilungsleiter-Meeting statt. Hier werden gemeinsam mit den Abteilungsleitern die Veränderungen und neuen Aufgaben in den jeweiligen Abteilungen festgelegt. Anschließend werden alle Maßnahmen innerhalb der Abteilung mit den Mitarbeitern besprochen und die neuen Aufgaben(-felder) eingeteilt.

2. Anpassung der betroffenen Systeme/Strukturen: Die neue Marketing-Strategie der Gesundheits- und Medizintechnik AG konzentriert sich hauptsächlich auf das C-Level Marketing. Um dieses wie geplant durchsetzen zu können, ist es notwendig, dass das es alle Produktlinien gemeinsam umfasst und nicht, wie bisher, von jeder Unternehmenseinheit einzeln gestaltet wird. Das Marketing wird also einheitlich für alle Unternehmenseinheiten umstrukturiert.

3. Motivierung/Mobilisierung der Beteiligten: Um die Motivation während und auch nach dem Wandel hoch zu halten, werden die Mitarbeiter aktiv involviert. In selbstorganisierten Gruppen können sich die Mitarbeiter direkt am Wandel beteiligen. Durch regelmäßige Meetings innerhalb der Abteilung werden die Teilziele der einzelnen Gruppen gemeinsam zelebriert. Im Rahmen eines monatlichen Mitarbeiter-Frühstücks innerhalb der Abteilung wird das Gemeinschaftsgefühl und die Motivation gesteigert.

4 Balanced Scorecard

4.1 Ursache-Wirkungskette

Auf Grundlage von Bodo Müllers Strategie wird im Folgenden die Ursache-Wirkungskette für die Gesundheits- und Medizintechnik AG mit den viel klassischen Perspektiven (Finanzielle, Kunden-, interne Prozess- und Lern-/Entwicklungsperspektive) sowie der zusätzlichen gesellschaftlichen Perspektive dargestellt:

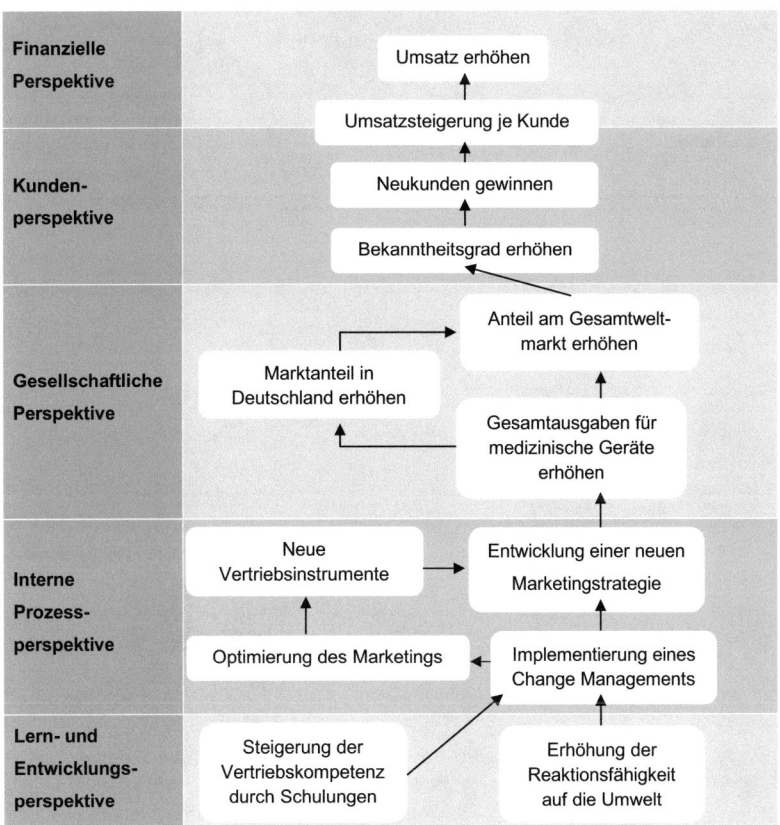

Abb. 1: Ursache-Wirkungskette für die Gesundheits- und Medizintechnik AG (eigene Darstellung)

4.2 Festlegung Ziele, Kennzahlen, Vorgaben und Maßnahmen

Auf Basis der oben dargestellten Ursache-Wirkungskette wird in der folgenden Tabelle für jede der Perspektiven ein Ziel, eine dazu passende Kennzahl, Vorgabe und Maßnahme dargestellt:

Tab. 1: Festlegung Ziele, Kennzahlen, Vorgaben und Maßnahmen (eigene Darstellung)

Perspektive	Ziel	Kennzahl	Vorgabe	Maßnahme
Finanzielle Perspektive	Umsatz erhöhen	Umsatz	Umsatz um 10% zum Vorjahr erhö-hen.	Neue Marke-tingstrategie um Neukunden zu ge-winnen.
Kunden-perspektive	Neukunden gewinnen	Anzahl der Neukunden	3 Neukunden pro Monat	Schweiz als neues Marktgebiet erschließen: ge-zielte Werbung für schweizer Kran-kenhäuser.
Gesellschaftliche Perspektive	Marktanteil in Deutschland erhö-hen	Marktanteil (in Prozent)	Marktanteil um 5 % zum Vorjahr er-höhen	Kooperationen mit Krankenhäusern und Kliniken, um Konkurrenz zu verdrängen.
Interne Prozess-perspektive	Optimierung des Marketings	Investitionen für C-Level Marketing	15% des Marke-tingbudgets für C-Level Marketing	Anteil des Marke-tings für Kranken-hausärzte am Ge-samtmarketing um 15% reduzieren.
Lern- und Entwicklungs-perspektive	Steigerung der Vertriebskompe-tenz durch Schulungen	Anzahl der Schu-lungen	Mind. 1 Vertriebs-schulung pro Mo-nat	Monatliche Ver-triebsschulung in-nerhalb jeder Un-ternehmensein-heit. Halbjährliche Vertriebsschulung aller Unterneh-menseinheiten beim Marketing Director des je-weiligen Landes.

5 Unternehmensethik

5.1 Praxisbeispiel

Nach einem massiven Corona-Ausbruch beim Fleischkonzern Tönnies im Mai 2020, bei dem mehr als 2.000 Infektionen gemeldet wurden, wurden gravierende Mängel im Arbeitsschutz festgestellt. In einem fünfseitigen Bericht hielt die Bezirksregierung Detmold fest, an welchen Stellen Tönnies gegen die SARS-Co-V2-Arbeitsschutzstandards verstoßen und damit das Hygiene-Konzept missachtet hat. So wurde unter anderem bemängelt, dass kein Mitarbeiter im Schlacht-Bereich einen Mund-Nasen-Schutz trug, die Toiletten stark verunreinigt waren, die Sitzplätze in der Kantine nicht reduziert wurden und auch keine Desinfektion erfolgte. (Hübschen & Steinhäuser, 2020). Zudem wurde bekannt, dass vor allem osteuropäische Mitarbeiter unter widrigen Arbeitsbedingungen zu leiden hatten. Die meist von Subunternehmern angestellten Arbeiter wohnten zum Teil in Gemeinschaftsunterkünften mit bis zu sechs Personen in einer 60 qm² Wohnung und wurden nur sehr schlecht bezahlt (Bastert et al., 2020). Darauf reagierte das Bundeskabinett mit geplanten strengeren Regeln für die Fleischindustrie und Neuregelungen beim Arbeitsschutz.

5.2 Unternehmenswerte

Der Fleischkonzern Tönnies (2020) gibt folgende Werte auf seiner Webseite an:
- Gesunde und genussvolle Ernährung
- Nachhaltige Tierhaltung
- Verantwortungsvolle Produktion
- Offenheit und Transparenz
- Tierschutz und Schlachtung: 100% Fokus auf den Tierschutz der zu schlachtenden Tiere sowie bestmögliche Betreuung der Tiere in den Betrieben: das Wohlergehen der Tiere steht im Vordergrund
- Lebensmittelsicherheit: Produkte mit der höchstmöglichen Frische, Sicherheit und Haltbarkeit ausliefern und lebensmittelrechtliche Vorgaben einhalten
- Tierwohl in der Tierhaltung: Unterstützung der Erzeuger, das Tierwohl und den Tierschutz in der Haltung sicherzustellen und auszubauen.

- Ressourcenschutz: Optimale Einsetzung der Ressourcen, um sie für künftige Generationen zu erhalten und Umwelt, Mensch und Tier zu schützen
- Arbeitgeber:
    - Mitarbeiter nehmen einen hohen Stellenwert ein
    - Teamwork bildet die Grundlage des Erfolgs
    - Grundlegendes Motto: „100% Team Tönnies – Verantwortung für Lebensmittel"
    - Vier Säulen des gemeinsamen Erfolgs: Kulturelle Vielfalt, Arbeitssicherheit, Aus-/Weiterbildung, Work-Life-Balance
- Arbeitssicherheit:
    - Ständige Kontrolle und Weiterentwicklung der Arbeitssicherheit durch eigene Sicherheitsfachkräfte
    - Enge Zusammenarbeit mit der zuständigen Berufsgenossenschaft Nahrungsmittel und dem Gastgewerbe sowie Partnerschaften mit den Arbeitsschutzbehörden und externen Spezialisten

5.3 Wertebruch

An folgenden Stellen hat Tönnies gegen seine Werte verstoßen:

1. Auf seiner Webseite gibt Tönnies (2020) an, die Mitarbeiter hätten einen hohen Stellenwert. Betrachtet man die Wohnverhältnisse der osteuropäischen Mitarbeiter sowie die Verstöße gegen die Arbeitsschutzstandards, ist zu erkennen, dass dieser Wert nicht eingehalten wird.

2. Auch gegen das Motto „100% Team Tönnies – Verantwortung für Lebensmittel" und dem damit implizierten Werten des Zusammenhalts und der Verantwortung hat Tönnies verstoßen. Wie bereits genannt, herrschten bei Tönnies etliche Verstöße gegen den Arbeitsschutz vor, welche die Aussage des Mottos widerlegen.

3. Den hohen Wert der Arbeitssicherheit betont Tönnies (2020) auf seiner Webseite durch die ständige Kontrolle und Weiterentwicklung der Arbeitssicherheit sowie die Zusammenarbeit mit Berufsgenossenschaften, Arbeitsschutzbehörden und externen Spezialisten. Durch die bekannt gewordenen Verstöße gegen den Arbeitsschutz ist davon auszugehen, dass die Arbeitssicherheit nicht wie beschrieben umgesetzt werden konnte.

Tönnies sieht keine schuldhaften Versäumnisse. Habe sich an Recht und Gesetz gehalten. Wissen nicht, welchen Rechtsbruch sie begangen haben sollen. 18.07.

5.4 Konsequenzen

5.4.1 Interne Stakeholder
Mitarbeiter

Der Ruf des Fleischkonzern Tönnies hat stark unter dem Skandal gelitten. Daraus resultiert womöglich ein starker Umsatzeinbruch, der mit Abbau von Arbeitsplätzen ausgeglichen werden könnte.

Durch Neuregelungen im Arbeitsschutz erwarten die Mitarbeiter der Fleischindustrie allerdings verbesserte Arbeitsbedingungen. Dies kündigte die Bundesregierung nach den dramatischen Corona-Ausbrüchen bei Tönnies und weiteren Fleischbetrieben an (Bastert et al., 2020).

Geschäftsführer

Der Geschäftsführer Clemens Tönnies steht seit dem Corona-Ausbruch bei Tönnies unter heftiger Kritik. Der Staat, Umwelt- und Tierschützer, Lieferanten und Kunden sind durch den Skandal auf die Missstände in der Fleischindustrie aufmerksam geworden. Wegen zahlreicher Anzeigen wird von der Staatsanwaltschaft gegen Clemens Tönnies ermittelt. Zudem erhöht sich der gesellschaftliche Druck, auf die gegen ihn und sein Unternehmen herrschenden Beschuldigungen zu reagieren. Beispielsweise durch den Bau von neuen Wohnungen für Werksarbeitern soll das Image verbessert werden (Bastert et al., 2020).

5.4.2 Externe Stakeholder
Gesellschaft

Durch den Ausbruch des Corona-Virus in der Tönnies-Fabrik hat sich bei vielen Personen das Fleisch-Einkaufsverhalten verändert. So gaben 25% der Befragten in einer Umfrage aus dem Juli 2020 an, sie kaufen weniger Fleisch. 21% der Personen gaben an, mehr Geld für Fleisch auszugeben (Wymann, 2020).

Staat

Als Konsequenz aus dem Tönnies-Skandal hat das Bundeskabinett am 29. Juli 2020 strengere Regeln für die Fleischindustrie beschlossen. In dem Gesetzesentwurf ist ein Verbot von Werkverträgen und Leiharbeit in großen Schlachthöfen geplant. Außerdem sollen mehr Kontrollen stattfinden und für bessere Unterkünfte durch strengere Vorschriften gesorgt werden (Bastert et al., 2020).

6   Literaturverzeichnis

Bamberger, I. & Wrona, T. (2012). *Strategische Unternehmensführung. Strategien, Systeme, Methoden, Prozesse* (Vahlens Handbücher der wirtschafts- und sozialwissenschaften, 2. Aufl.). München: Vahlen

Bastert, K., Becker, L., Bellgardt, K., Decke, H., Guboff, M., Köller, K. et al. (2020). *Nach Corona-Skandal bei Tönnies: Verbot von Werkverträgen und Leiharbeit in großen Schlachthöfen.* Zugriff am 17.12.2020. Verfügbar unter: https://www.wa.de/ nordrhein-westfalen/coronavirus-toennies-rheda-nrw-schlachthof-mitarbeiterin-rtl-arbeitsbedingungen-lockdown-zr-13755098.html

Goffin, H. (2018). *Change Management: Aus der Krise oder dem Erfolg – zum Erfolg.* Zugriff am 12.12.2020. Verfügbar unter: https://link.springer.com/chapter/10.1007/ 978-3-658-18051-5_3

Hübschen, H. & Steinhäuser, M. (2020). *Vor Corona-Ausbruch: Gravierende Arbeitsschutzverstöße bei Tönnies.* Zugriff am: 20.12.2020. Verfügbar unter: https://www1.wdr.de/nachrichten/landespolitik/vor-corona-ausbruch-gravierende-arbeitsschutzverstosse-bei-toennies-100.html

Kotter, J. P. (2015). Die Kraft der zwei Systeme. *Harvard Business Manager* (Spezial), 80-93.

Reisinger, S., Gattringer, R. & Strehl, F. (2013). *Strategisches Management. Grundlagen für Studium und Praxis.* München: Pearson.

Welge, M. K. & Al-Laham, A. (2012). *Strategisches Management. Grundlagen – Prozess – Implementierung* (6., aktualisierte Aufl.). Wiesbaden: Gabler.

Wymann, O. (2020). *Die Fleischproduktion stand zuletzt stark in der Kritik. Haben Sie Ihr Fleisch-Einkaufsverhalten in den letzten Wochen verändert?* In Statista – Das Statistik-Portal. Zugriff am 17.12.2020. Verfügbar unter: https://de.statista.com/ statistik/daten/studie/1147739/umfrage/corona-toennies-veraenderung-fleischkonsum-deutschland/

7 Abbildungs- und Tabellenverzeichnis

7.1 Abbildungsverzeichnis

7.2 Tabellenverzeichnis